On line EDITORA

Presidente: Paulo Roberto Houch
Vice-Presidente Editorial: Andrea Calmon
redacao@editoraonline.com.br

REDAÇÃO
Jornalista Responsável: Andrea Calmon – MTB 47714

PROGRAMAÇÃO VISUAL
Coordenador de Arte: Rubens Martim
diagramacao@editoraonline.com.br

ESTÚDIO FOTOGRÁFICO
Fotógrafa: Fernanda Venâncio

PRODUÇÃO FOTOGRÁFICA
Coordenadora: Elaine Simoni
elainesimoni@editoraonline.com.br
COLABORARAM NESTA EDIÇÃO: Novel Editora

PUBLICIDADE
Gerente Comercial: Elaine Houch
elainehouch@editoraonline.com.br
Supervisor: Bernard Correa
Executivos de Contas : Antonio Demésio, Camila Vinhas e Luciana Lemes
Operações Comerciais: Joelma Lima
Designer Gráfico Publicidade : Wesley Sozin
Representantes: Brasília - (61) 3034-3704

MARKETING
Supervisor de Marketing: Marcelo Rodrigues
Assistente de Marketing: Nathalia Lima

CANAIS ALTERNATIVOS
DEP. VENDAS Luiz Carlos Sarra
(11) 3687-0099
vendaatacado@editoraonline.com.br

LOGÍSTICA E ARMAZENAGEM Luiz Carlos Sarra
luizcarlos@editoraonline.com.br

ADMINISTRAÇÃO
Diretora Administrativa: Jacy Regina Dalle Lucca
financeiro@editoraonline.com.br

CRÉDITO E COBRANÇA cobranca@editoraonline.com.br

Impresso por **PROL**
Distribuição no Brasil por **Dinap**

NOME DA REVISTA é uma publicação do IBC - Instituto Brasileiro de Cultura Ltda. – Caixa Postal 61085 – CEP 05001-970 – São Paulo – SP – Tel.: (0**11) 3393-7777

Números Atrasados com o IBC ou por intermédio do seu jornaleiro ao preço da última edição acrescido das despesas de envio.
Para adquirir com o IBC – www.revistaonline.com.br, Tel.: (0**11) 3512-9477 ou Caixa Postal 61085 - CEP 05001-970 - São Paulo - SP.

Prefácio

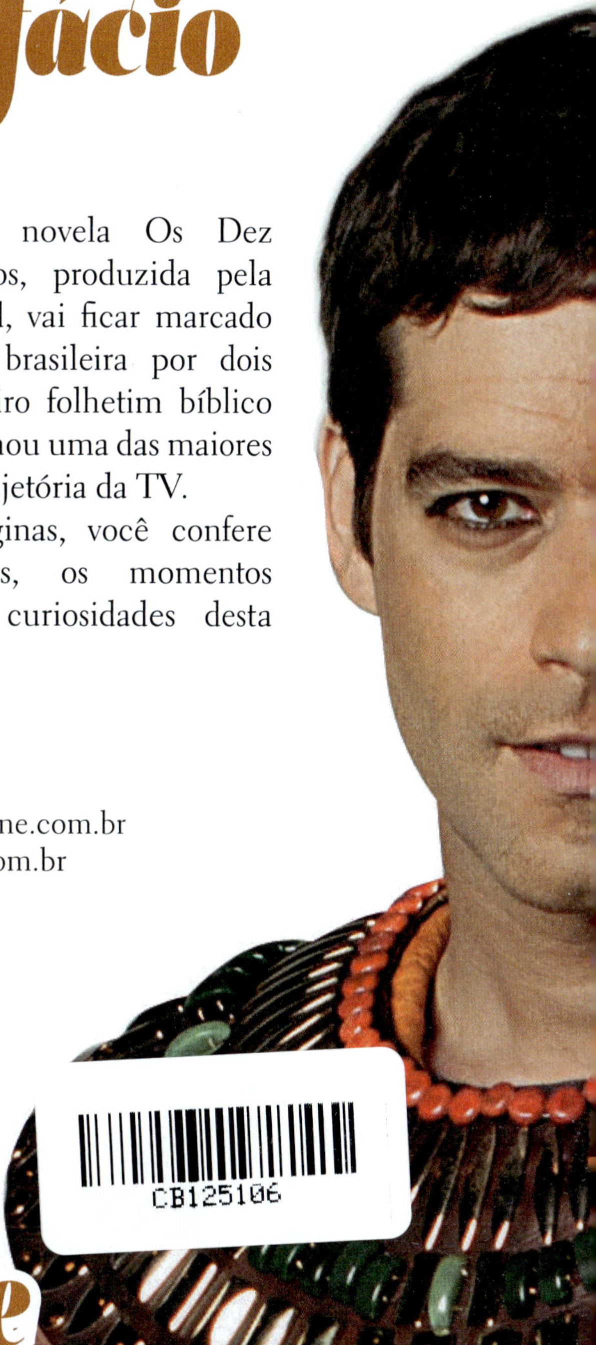

O sucesso da novela Os Dez Mandamentos, produzida pela Rede Record, vai ficar marcado na história da TV brasileira por dois motivos: foi o primeiro folhetim bíblico feito no mundo e ganhou uma das maiores superproduções da trajetória da TV.

Nas próximas páginas, você confere as melhores cenas, os momentos inesquecíveis e as curiosidades desta história inesquecível.

Boa leitura!

Os Editores
redacao@editoraonline.com.br
www.revistaonline.com.br

Índice

CIP-BRASIL. CATALOGAÇÃO NA PUBLICAÇÃO
SINDICATO NACIONAL DOS EDITORES DE LIVROS, RJ

S651

Só novelas especial : os 10 mandamentos : livro oficial --. [4. ed.] - São Paulo : On Line, 2016.
il.

ISBN 978-85-432-1266-1

1. Os 10 mandamentos (Novela de televisão). 2. Telenovelas - Brasil - História e crítica. I. Título.
16-31671
CDD: 791.450981 CDU: 791.4:654.19(81)

29/03/2016 29/03/2016

A saga

A história de Moisés, desde o seu nascimento até a chegada de seu povo à Terra Prometida – tendo como trajetória sua fuga do Egito por meio da abertura do Mar Vermelho e o encontro com Deus no lendário Monte Sinai – serve como arco dramático para compor a primeira novela bíblica da história da teledramaturgia brasileira.

FOTOS: MUNIR CHATACK/RECORD

Roger Gobeth interpretando uma cena de seu personagem, Anrão, no Deserto do Atacama, no Chile.

Ikeni (Vitor Pecoraro) e Ramsés (Sergio Marone) treinam para as batalhas que o exército do faraó Seti I (Zécarlos Machado) vai travar para ampliar suas conquistas.

Escrita por Vivian de Oliveira, e com direção geral de Alexandre Avancini, Os Dez Mandamentos é uma livre adaptação dos livros Êxodo, Levítico, Números e Deuteronômio, que fazem parte da Bíblia Sagrada.

Ao todo, foram 176 capítulos de uma trama envolvente, divididos em quatro fases e percorrendo uma temporalidade de mais de cem anos. Mesclados ao conteúdo histórico, temas, como inveja e ódio, além de disputas e guerras, batalhas pelo poder, amores proibidos e paixões que superam todos os limites, são entrelaçados em muitos conflitos e intrigas, mas recheados de recompensas, como o amor verdadeiro, a esperança e a fé incondicional.

PRIMEIRA E SEGUNDA FASES 1.300 a.C.

Cidade de Pi-Ramsés, Egito. O poderoso faraó Seti (Zécarlos Machado), que detesta o povo hebreu e vive desdenhando dele, ordena a morte de todos os bebês israelitas do sexo masculino. O desespero toma conta dos flagelados que ali residem e muitas são as crianças lançadas no Rio Nilo, já que o povo escravizado não vê outra solução imediata para a ordem cruel.

Então, uma situação diferenciada acontece. Um dos bebês é salvo por sua família, que acredita em um destino digno para a criança. Colocado em um cesto de junco, ele é levado para um lugar seguro. Quem o pega nas mãos é Henutmire (Mel Lisboa/Vera Zimmermann), filha de Seti. O amor da moça pela criança a livra do decreto dado pelo faraó: eliminar todos os bebês daquele sexo.

Criado como um príncipe egípcio, Moisés se torna o principal motivo de um imenso conflito, ao crescer ao lado de seu tio-irmão, Ramsés (Carlos Augusto Sales/Edu Pinheiro/Sergio Marone), e da bela Nefertari (Giovanna Maluf/Camila Rodrigues). Tudo porque, já adultos,

1. Mel Lisboa (acima) é Hanutmire, que encontrou, no rio, Moisés, filho de Joquebede (à dir.) vivida por Denise Del Vecchio. 2. A celebração do casamento de Ramsés com Maya (Bárbara França), que é vítima de intrigas dentro do palácio.

têm os desejos e sentimentos despertados. Os dois homens se apaixonam pela moça, o que acaba sendo um trampolim para muitas turbulências entre eles.

Para completar o embate, Moisés passa a sentir uma perturbação interna, que é a questão familiar. Ele acha que foi rejeitado pelos entes queridos após descobrirem sua origem. Diante da verdade, ocultada por anos, ele resolve levantar a bandeira do povo hebreu.

Isso causa a ira do faraó, e Moisés não é mais bem-vindo no Egito. Resta a ele seguir novos rumos.

Começa, então, uma nova saga em sua vida. Apesar do perdão que ele derramou sobre seus familiares, o jovem tem de enfrentar muitos desafios. Tal situação o coloca diante da maior força que rege o ser humano: a fé.

TERCEIRA E QUARTA FASES

Passam-se 20 anos e novos personagens engrandeceram ainda mais a trama. Os que já estavam no folhetim enfrentaram um processo de envelhecimento, e as crianças se tornaram adultas.

A esssa altura, Moisés, que fugiu para a terra de Midiã para não ser acometido por algo pior, conhece, enfim, a mulher que estará em seu caminho pelo resto de sua vida. Trata-se de Zípora (Giselle Itié), uma moça extremamente rebelde e muito bela. É com ela que o jovem se casa e vive por anos, sustentando o lar como pastor de ovelhas.

Apesar da bela história de amor, ele tem de enfrentar Damarina (Talita Younan), Jaque (Rafaela Sampaio/Fran Maia) e Ada (Camila Santanioni), irmãs de Zípora, que não admitem a felicidade do casal. Uma

1. A imponente entrada do palácio de Seti I, que Ramsés (Sergio Marone) vai herdar quando se tornar faraó do Egito.
2. Poderosa e temida no reino, Tuya (Angelina Muniz) é conduzida por seus escravos sob o ardente sol egípcio.
3. O poderoso faraó Seti I, líder supremo do Egito, sendo carregado por seus escravos para observar seu reino.

inveja que permeia o ambiente e passa a ser a causa de muita dor e indignação. Infelicidades que Moisés tenta combater de forma serena, procurando, inclusive, acalmar os ânimos da esposa, que não admite tamanha crueldade contra ambos.

Certa tarde, ao ordenhar os animais, Moisés se depara com uma situação que vai além do entendimento humano. Ele recebe uma mensagem divina solicitando que volte ao Egito e liberte seu povo da escravidão.

Arão (Victório Ghava/Kadu Schons/Petrônio Gontijo) e Miriã (Isabella Koppel/Ariela Massoti/Larissa Maciel), irmãos de Moisés, Joquebede (Samara Felippo/Denise Del Vecchio), a mãe, e Anrão (Roger Gobeth/Paulo Gorgulho), seu pai, são as primeiras pessoas que Moisés reencontra em terras egípcias. Ele também se depara com Ramsés, que, um dia, foi como um irmão, mas que, agora, após herdar o trono, se declara seu inimigo e tenta, de todas as formas, impedir que o hebreu consiga alcançar seus objetivos.

Pouco depois, o Egito é assolado pelas Dez Pragas, e o primogênito de Ramsés é uma das vítimas. Tendo um momento de compaixão, ele permite que o povo hebreu deixe suas terras, mas sua bondade não dura muito tempo. Decidido, o faraó toma uma resolução drástica: persegui-los pelo deserto. Começa, então, a caçada ao homem que teve uma infância cheia de idas e vindas, encontros e desencontros e que parecia feliz ao lado dos egípcios.

Como é anunciado no Antigo Testamento, Deus separa as águas do Mar Vermelho, e uma linda e espaçosa vereda se abre diante dos olhos de todos. O povo hebreu atravessa toda aquela dimensão. O exército de Ramsés, que vem logo atrás, é assolado pela fúria do mar, que se fecha em seguida, matando cada integrante daquela guarda.

Foi nessa fase da trama que o personagem Josué (Sidney Sampaio), apareceu. Apaixonado por Ana (Tammy di Calafiori), ele é filho do falecido Num (Vicente Tuchinsky/Licurgo Spinola) e de Amália (Marina Moschen/Lisandra Souto). Por ser escravo, é desprezado pelo pai de Ana, Apuki (Heitor Martinez). A jovem, por sua vez, assume o romance, enfrenta todo mundo e salva o amado de algo pior em seu destino.

É no deserto que os hebreus passam por muitos desafios. Vários querem desistir, enquanto outros, tendo fé, levam adiante a força e contemplação de Moisés, que lidera todo o grupo. Uma trajetória de muita coragem, perseverança e confiança nas palavras de Deus. Uma novela como nunca foi apresentada na história da televisão brasileira.

Moisés

Moisés nasceu em família humilde e, ainda bebê, se deparou com o jogo do destino. Como o poderoso faraó Seti I decretou que todo menino hebreu deveria morrer, já que o governante sempre temeu possíveis e futuras alianças daquele povo com outros inimigos do Egito, o menino se torna um dos alvos da atrocidade. Entretanto, uma ideia de Joquebede, mãe da criança, dá outro rumo à sua vida: Moisés é colocado dentro de um cesto e entregue ao Rio Nilo.

A própria Joquebede, tempos depois de colocar o menino nas águas do Nilo, é quem retira Moisés da correnteza, salvando-o do pior. Porém, quem acaba acolhendo o pequeno por compaixão é Henutmire, princesa e filha do temido faraó.

Moisés cresce como um príncipe, mas sempre desdenhado por Seti. Isso até cair em uma infelicidade total ao se apaixonar por Nefertari, criando inimizade com seu tio-irmão, Ramsés. Após deixar o Egito, ele passa a viver longe de suas terras, ordenhando ovelhas.

Em terras de Midiã, Moisés conhece e se casa com Zípora, uma linda e rebelde mulher. Moisés recebe um chamado divino, ordenando que ele volte ao Egito para salvar seu povo das garras de Ramsés, que assumiu o trono. Então, aquele que, um dia, fora considerado como um irmão, vira seu principal adversário.

Mesmo com tantas dificuldades, Moisés consegue alertar seu povo e levá-lo consigo. Ramsés, ao saber do fato, ordena que seus guardas persigam os hebreus pelo deserto.

Um momento de extrema fé e presença de Deus se dá às margens do Mar Vermelho. Muitos são os hebreus que temem a chegada do exército de Ramsés, que se aproxima rapidamente. Então, as águas se separam e um caminho é aberto para que todos passem. A glória divina diante dos olhos daquelas pessoas é exaltada. Confiantes, todos atravessam o mar.

Assim que o último hebreu coloca seus pés do outro lado, em terra firme, as águas se juntam, matando todos os guardas de Ramsés.

FOTO: MICHEL ANGELO/RECORD

Ramsés

Ramsés foi criado para ser o futuro faraó do Egito, sendo filho de Tuya (Angelina Muniz) e Seti I. Elegante, bonito e extremamente sedutor, cresceu ao lado de Moisés e sempre amou o agregado como se fosse seu próprio irmão, chegando até mesmo a confrontar o pai nas vezes em que este desdenhava do pequeno hebreu.

A bela amizade entre Ramsés e Moisés é abalada quando eles se descobrem apaixonados pela mesma jovem, Nefertari, que foi companheira de infância de ambos.

O destino se encarrega de colocar Ramsés no trono. Ao se tornar faraó, dá vazão ao ódio e ao rancor, aumentando ainda mais o sofrimento do povo de Moisés. Sua ira, então, chega ao limite quando o antigo amigo de infância retorna ao Egito querendo a libertação dos hebreus.

Mesmo ouvindo de Moisés o nome de Deus, Ramsés o despreza, intitulando-se como o próprio todo-poderoso na Terra.

Tanta ganância pelo poder faz com que o povo comandado por Ramsés sofra com as pragas que Deus envia sobre o Egito. Mas o faró resolve resistir. Até que, depois da última praga, ele resolve libertar os hebreus. Mas Ramsés se arrepende e dá ordens para seus soldados impedirem a fuga do hebreus, que seguem Moisés.

FOTO: MICHEL ANGELO/RECORD

FOTO: MUNIR CHATACK/RECORD

FOTO: MICHEL ANGELO/RECORD

FOTO: MICHEL ANGELO/RECORD

FOTO: MUNIR CHATACK/RECORD

FOTO: MICHEL ANGELO/RECORD

Nefertari

Fruto do relacionamento amoroso entre Yunet (Day Mesquita/Adriana Garambone) e Disebek (Daniel Aguiar/Eduardo Lago), seu verdadeiro pai, Nefertari é criada como se fosse filha de Paser (Paulo Nigro/Giuseppe Oristanio), o sacerdote. Enquanto criança, tem como amigos para suas brincadeiras os pequenos Moisés e Ramsés. A egípcia vive no palácio, e é ali que cresce ao lado dos rapazes.

As travessuras dos tempos de criança ficam no passado, e um sentimento inimaginável toma conta não só de Nefertari, mas também de Moisés e Ramsés. Os dois se apaixonam por ela, que também se vê dividida. Uma disputa romântica terá consequências terríveis.

Nefertari é uma mulher que pensa como uma nobre, pois viveu no meio deles. Esse mundo é natural para ela, que não dá importância ao drama dos hebreus. Ao contrário de Moisés, que vê a ascensão de seu povo como uma das prioridades de sua vida. Contudo, ela é uma moça do bem.

A bela vive o constante drama para encontrar a resposta que tando deseja e, ao mesmo tempo, teme: amar Ramsés ou Moisés?

FOTO: MUNIR CHATACK/RECORD

FOTO: MICHEL ANGELO/RECORD

FOTO: MUNIR CHATACK/RECORD

FOTO: MUNIR CHATACK/RECORD

FOTO: MICHEL ANGELO/RECORD

Zípora

Ela foi uma criança que participou pouco da própria infância. Afinal, ajudou o pai, Jetro (Paulo Figueiredo), a criar suas irmãs mais novas após a morte precoce da mãe. Primogênita entre sete moças, tornou-se uma mulher forte e decidida. A vida lhe ensinou a ser assim.

O tempo passou e Zípora tornou-se uma mulher de temperamento estourado, sem meias-palavras e com ar selvagem. Apesar de toda sua firmeza, possui uma natureza amorosa. Isso a torna ainda mais linda do que já é. Também é extremamente leal, verdadeira e preocupada com as pessoas.

Zípora é a mulher perfeita para Moisés. Os dois, assim que se conhecem, não contêm a paixão, inicialmente disfarçada em suposta antipatia e ódio, principalmente por parte da moça. Mas tudo não passa de raivinha gratuita, transformada imediatamente em uma faísca que vai evoluir para um casamento cheio de juras de amor. Um sentimento arrebatador e marcante para os dois. Zípora e Moisés passam por vários momentos difíceis, mas jamais perdem a fé em Deus e cultivam a paz, o amor e a união.

Joquebede

Mãe verdadeira de Moisés, é uma mulher de muita sabedoria e fé. Possui olhar doce e forte, que transmite muita serenidade em meio ao tanto que já sofreu.

Quando Moisés ainda era bebê – e devido a uma imposição do faraó, que ordenou a morte de todas as crianças recém-nascidas do sexo masculino –, Joquebede livrou o filho das garras do governante colocando-o em um cesto e deixando-o boiar no Rio Nilo. Afinal, sabia, por meio de seus próprios sentimentos, que Deus tomaria conta de seu filho. Tanto que as próprias mãos dessa mãe-guerreira o salvaram do pior.

Sua maior dor foi ter que entregar o filho para Henutmire, que encontrou Moisés nas águas do Nilo. Como não conseguiu levar uma gravidez adiante, a egípcia resolveu retirar o pequeno de sua ama de leite, sem saber que Joquebede era a mãe biológica de Moisés.

O tempo passou e Joquebede não se desvencilhou de sofrimentos impostos por terceiros, mas nunca perdeu a esperança em vivenciar dias melhores, e muito menos deixou de lado sua fé, que é incondicional.

Anrão

Imagine um homem que é apaixonado por sua esposa e demonstra isso a todos, sem qualquer receio. Pois Anrão é assim. Além disso, ele esbanja dignidade, honestidade e é carinhoso não só com Joquebede, mas com todos os membros de sua família. É uma pessoa honrada e de muita fé, sendo um exemplo de pai.

Os filhos, Miriã e Arão, quando crianças, se encantavam com as histórias que Anrão contava sobre seus antepassados e sempre pediam mais, pois aquilo levava-os para um mundo imaginário, onde a crueldade não tinha vez. O homem sempre lhes ensinou a bondade, a não se corromperem com deuses pagãos, e a exercerem a fé a qualquer preço, diante de toda dificuldade enfrentada. As crianças sentiam-se felizes, pois reconheciam, em cada palavra do pai, a força para seguirem adiante.

Foi Anrão quem arriscou a própria vida para que sua mulher, Joquebede, salvasse o pequeno Moisés. Ele é um exemplo de pai, marido e jamais perde a fé em Deus.

FOTO: MICHEL ANGELO/RECORD

Arão

Ele cresceu ouvindo as lindas histórias do pai, Anrão. Contudo, uma pitada de inveja prevaleceu em seu coração, já que Arão não gosta de saber que Moisés, seu irmão, foi criado como egípcio e com total conforto, enquanto ele, o restante da família e povo hebreu passaram por todas as dificuldades possíveis.

Apesar disso, é um homem forte, honesto e bondoso. Como escravo, passou por várias humilhações. Por isso, se tornou, também, uma pessoa revoltada e, muitas vezes, impetuosa.

Mas mesmo diante de tanta raiva lhe corroendo, ele ainda tem um coração gigantesco e ama sua família incondicionalmente. Ou seja, é um homem muito bom, mas profundamente magoado, podendo ir da alegria à tristeza em poucos segundos.

Uma obra do destino colocará Arão frente a frente com Moisés, e o obrigará a livrar-se, de uma vez por todas, de qualquer raiva, inveja e revolta pelo fato de o irmão ter sido abonado e ele não. Afinal, será escolhido por Deus para ajudar Moisés a libertar o povo hebreu. Uma obra divina, que o livrará de todos os males internos.

FOTO: MICHEL ANGELO/RECORD

FOTO: MICHEL ANGELO/RECORD

Miriã

Foi ela quem, quando criança, ajudou a mãe, Joquebede, a salvar seu irmão, Moisés. Enfrentou, ainda, muitos perigos para chegar ao paradeiro de Henutmire, logo após a princesa ter encontrado o menino nas águas do Rio Nilo e o levado para viver no luxo.

Foi por sua iniciativa que Joquebede passou a ser ama de leite do pequeno Moisés, algo que mudou completamente o rumo daquela família.Esperta e corajosa, é uma mulher de personalidade forte. Não é de levar desaforos para casa e possui uma fé inabalável. Não teme nada e nem ninguém. Tornou-se desprendida de tudo, o que a deixou completamente independente. Essa atitude parece ter libertado sua alma de qualquer amarra, deixando a alegria transparecer por meio do olhar. Aliás, Miriã fica ainda mais bela quando mostra esse seu lado guerreiro, libertário.

Ela é uma mulher com a língua afiadíssima. Isso, tão incomum para a época, acaba provocando reações adversas. Entre iras e admirações, ela é absolutamente notável.

FOTO: MICHEL ANGELO/RECORD

Seti I

Faraó poderoso, é ele quem influencia seu povo contra os hebreus, escravizando-os. Tudo por temer que eles se aliem aos inimigos do Egito, pois os considera fortes e numerosos. Como sente ódio dos israelitas, ordena que todos os bebês do sexo masculino sejam mortos.

Seti é um grande governante para o povo egípcio, além de ser um esplêndido militar, absolutamente implacável. Sua dureza só é amenizada quando sua filha Henutmire manifesta o desejo de adotar Moisés, que é hebreu. Ele acaba aceitando, mas não hesita em desdenhar da criança.

FOTO: MICHEL ANGELO/RECORD

Tuya

Tuya é mãe de Henutmire e Ramsés, e não esconde a alegria por saber que, um dia, o filho herdará o trono do Egito.

Esposa real, é ciente de sua posição na hierarquia. Diante disso, usa o poder que lhe cabe com sabedoria e bastante sutileza, sem afetar diretamente os menos abonados.

Reconhecendo isso, cumpre com naturalidade as responsabilidades que lhe são direcionadas. Na verdade, ela é, além de calma, uma mulher sábia e com grande poder de persuasão.

FOTO: MUNIR CHATACK/RECORD

FOTO: MICHEL ANGELO/RECORD

Henutmire

Um encontro marcado pelo destino. Henutmire foi quem viu o bebê Moisés nas águas do Rio Nilo e o salvou. O amor brotou e ela fez questão de procurar uma ama de leite para que a criança não ficasse subnutrida. Então, entregou a criança a Joquebede, sem saber que a mulher era justamente a mãe biológica dela. Para a egípcia restava, assim, ter seu próprio filho.

O fato é que, por alguns anos seguidos, Henutmire tentou, mas os períodos de gravidez transformaram-se em tormenta, pois não conseguia levar a gestação adiante.

Quando Moisés deixou de mamar e já estava com três anos, Henutmire o tirou de sua família hebreia e o criou como seu próprio filho. Ironia do destino ou providência divina?

Ela nunca fez nada por maldade, é uma mulher de bom coração e sempre quis o melhor para a criança. Seu sofrimento maior sempre foi com a infidelidade do marido, Disebek. O fato é que Henutmire não imaginava que sua dama de confiança, na verdade, nutria inveja e foi capaz de muitas maldades.

FOTO: MICHEL ANGELO/RECORD

Disebek

Disebek é alguém que esbanja charme quando o assunto é mulher. Não à toa, gosta de mostrar que tem esse poder. Homem de porte, é extremamente galanteador e mulherengo. Sua posição como oficial de Seti I o coloca em uma situação de destaque diante de vários outros homens. Então, se aproveita disso para investir em galanteios. Regozija-se, ainda, de saber que é um dos melhores oficiais do faraó. Afinal, trata-se de alguém que transpira vaidade.

A certa altura, ele acaba se encantando pela prostituta Yunet, a quem promete casamento. Isso causa euforia na moça, que sempre sonhou estar ao seu lado. O problema é que, pouco depois, ele é promovido a general do Exército e recebe, como presente, a mão da princesa Henutmire. Então, seus planos mudam e ele resolve deixar o enlace com Yunet de lado. Ela, por sua vez, se revolta e promete a si mesma que vai se vingar. Disebek torna-se pai adotivo de Moisés quando Henutmire resolve tirar a criança dos braços de Joquebede. Com relutância, o general resolve criar o menino hebreu. Entretanto, o tempo será amigo dos dois, e o militar acabará amando Moisés como se fosse seu filho legítimo.

FOTO: MICHEL ANGELO/RECORD

FOTO: MICHEL ANGELO/RECORD

Yunet

Mulher de conveniência para soldados, a bela Yunet aguarda sua chance de ascender socialmente e trabalha como dançarina.

Apaixonada por Disebek, sua felicidade transforma-se em ira ao descobrir que o homem a deixou para se casar com Henutmire. E justamente quando descobre estar grávida dele.

Apesar do desgosto, Yunet consegue ser levada para o palácio pelo próprio Disebek. Para não ficar sozinha, seduz o sacerdote Paser (Paulo Nigro/Giuseppe Oristanio), com quem se casa pouco depois. Esperta, a bela mulher o engana com sua suposta virtude e o faz crer que é o pai da criança que espera.

Ardilosa, Yunet passa a ter as cartas do jogo em suas mãos. Então, após tornar-se nobre e virar dama de companhia de Henutmire, a ex-prostituta planeja uma forma de impedir que a moça leve a gravidez até o final.

O tempo passa e Yunet, que se tornou mãe, passa a ter outro sonho: que sua filha, Nefertari, se case com Ramsés, pois quer vê-la como rainha do Egito. E para não perder esse jogo, fará o que for preciso, nem que, para isso, chegue ao limite de sua maldade.

FOTO: MICHEL ANGELO/RECORD

Paser

Paser é o sacerdote do palácio. Leal e dedicado à família real – principalmente ao faraó –, torna-se um alvo fácil para Yunet. Esperta, ela consegue seduzi-lo e fazer com que ambos se casem. Aprovado por todos, o casal segue uma vida aparentemente tranquila.

Feliz com a nova trajetória, Paser nem imagina que o filho que Yunet espera é de Disebek. Afinal, a malvada consegue enganá-lo direitinho e se gaba por isso. Quando a criança nasce, o sacerdote se torna um pai dedicado e muito amoroso. Nefertari, a menina, cresce recebendo muito amor e carinho por parte dele. Já Yunet, a vilã, sente-se segura para continuar com suas maldades no palácio, pois vê o marido como um homem ingênuo.

Após alguns anos, Paser descobre que Yunet não é uma mulher de bom coração, sendo capaz de tudo para realizar seus próprios desejos. Uma situação que o revolta. Então, em meio a tamanha turbulência, o sacerdote, que nunca deixou a paciência de lado, toma a decisão de dar um novo rumo à sua vida e viver um futuro diferente do que havia imaginado.

Jerusa

Jerusa (Thais Muller) é uma jovem que esquece de tudo. Avoada, precisa, constantemente, de supervisão em tudo que faz, inclusive nas frases que diz. Apesar das doidices, é bastante gentil.

Uma de suas marcas registradas é quebrar os utensílios que pega na mão. Erra também na confecção dos tecidos e sempre se complica na cozinha. Ou seja, é a típica destrambelhada. Tanto que passa a impressão de que o azar a acompanha em alguns momentos de sua vida.

Quem está ao seu lado, pensa até que Jerusa faz as besteiras de propósito. Seja para chamar a atenção ou por mera maldade, talvez pelo fato de a moça não levar desaforos para casa.

FOTO: MICHEL ANGELO/RECORD

Betânia

Betânia adora implicar com Jerusa e aproveita o jeito desengonçado dela para dizer o que pensa, magoando a moça.

Invejosa, é do tipo que passa por cima de qualquer um para alcançar o que deseja. Seu grande alvo é Zípora, sua irmã, que está sempre de bem com a vida.

A malvada tem um desejo enorme de se casar. Algo que fica ainda mais forte quando Moisés chega à região. Então, não medirá esforços para tê-lo ao seu lado. Então, ao perceber que Zípora está ganhando a parada, Betânia apronta de tudo para ver a irmã bem longe do amado.

FOTO: MICHEL ANGELO/RECORD

Bomani

A ordem para encontrar e executar os bebês hebreus foi dada a Bomani (Milhem Cortaz), e no seu caminho estava Moisés. Cruel, frio e calculista, ele conduz os escravos hebreus sem qualquer compaixão. Quer apenas cumprir o decreto e mostrar ao faraó o quanto é capaz.

Bomani tem seu caminho cruzado com Joquebede, mãe de Moisés. Reconhecendo o medo que toma conta da mulher, ele a cerca por todos os lados para ter êxito na execução do pequeno. A maldade de Bomani é visível até em seu olhar, e ele não faz questão de esconder esse seu jeito de ninguém.

FOTO: MICHEL ANGELO/RECORD

FOTO: MICHEL ANGELO/RECORD

Adira

Adira (Rayana Carvalho) é uma moça que preza pela harmonia e pela paz. É a irmã sensata e doce de Zípora. Muito próximas, as duas se entendem sem grandes complicações. O problema é que a jovem tem outras cinco irmãs, e nenhuma delas tem a mesma sintonia que ela.

A jovem Adira detesta brigas, mas tanta bondade esconde um segredo: ela ama o filho de uma família rival de seu pai, Jetro, e revela isso a Zípora, que se assusta e teme pelo destino da irmã.

FOTO: MUNIR CHATACK/RECORD

FOTO: MICHEL ANGELO/RECORD

Ada

Ada tem um grande desejo: encontrar um marido rico. Não importa se seu coração não bater mais forte pelo tal homem, pois o que ela quer é viver no conforto, ter belas joias, comer do bom e do melhor, e se destacar diante de seu povo.

Ela é paciente em aguardar sua vez, pois sabe que as irmãs mais velhas precisam se casar primeiro. Por ser confidente de Betânia, a vilã, Ada acaba se tornando cúmplice de suas maldades, chegando, até mesmo, a ajudar a megera a praticá-las. Com isso, tende a se dar mal em suas ações, principalmente no que se refere a arrumar um homem rico.

FOTO: MICHEL ANGELO/RECORD

FOTO: MUNIR CHATACK/RECORD

Damarina

Damarina é muito distraída, diferentemente de Jerusa, sua irmã, que é atrapalhada. A jovem vive com a cabeça nas nuvens, tem o pensamento distante e parece esquecer do mundo ao seu redor. É do tipo que ainda imagina histórias lindas e românticas.

Devido à sua facilidade em se desligar, muitos pensam que ela não percebe as coisas à sua volta. Ledo engano, pois Damarina é perspicaz e reconhece bem os sentimentos das pessoas, sejam eles de bondade ou não. Ou seja, Betânia e Ada não conseguirão lhe enganar de jeito algum.

FOTO: MUNIR CHATACK/RECORD

FOTO: MICHEL ANGELO/RECORD

Oséias/Josué

Seu nome original é Oséias. Entretanto, começa a ser chamado de "Josué" por Moisés logo após os dois se conhecerem. Sem hesitar, o jovem homem passa a usar o novo nome e o mantém até o fim da vida.

Bonito e dono de excelente caráter, Josué mostra nos traços sua timidez, algo que o deixa ainda mais belo. Gosta de seguir os passos de seu falecido pai, por quem tem enorme admiração e no qual sempre se inspira. Por conta disso, trabalha em diversas obras pela cidade. Não reclama de nada e segue feliz seu destino, pronto para vivenciar novos desafios.

Josué demonstra ser alguém especial, algo que remonta os tempos de infância. É muito calmo e gentil com todos ao redor. Adora tranquilizar os aflitos e acalmar os ânimos dos que estão cheios de ódio. É um apaziguador nos momentos dolorosos, atenuando os problemas alheios e os desgostos das pessoas que ele quer bem.

É difícil haver alguém que não goste do jovem, que encanta por seu senso de justiça.

FOTO: MICHEL ANGELO/RECORD

FOTO: MUNIR CHATACK/RECORD

Apuki

Apuki trata os hebreus com truculência. Vingativo, é ele quem supervisiona os trabalhos e, com mão de ferro, castiga os escravos com açoites nas obras.

Mesmo com o absoluto desprezo que sente pelos hebreus, ele conheceu Judite (Nanda Ziegler), quando ela ainda era escrava, e fez questão de tirar sua virgindade. Depois, ela virou sua esposa, mas Apuki faz questão de hostilizá-la, apontando suas origens.

O homem é completamente dividido entre sua truculência e o amor por Judite. Com ela, teve dois filhos, Jairo (Gabriel Quaresma/Erich Pelitz) e Ana, amados por ele.

Quando as pragas assolam o Egito, ele passa a temer Deus. Deixa sua ira de lado e decide fugir com a família. Com isso, incitará Arão e os israelitas a construírem o Bezerro de Ouro. Apuki percebe que o ser humano é mais frágil do que imaginava, e que sua mulher e os filhos estão em primeiro lugar na sua vida.

FOTO: MICHEL ANGELO/RECORD

FOTO: MICHEL ANGELO/RECORD

Amália

Mulher prestativa e extremamente responsável, foi ela quem ajudou Joquebede a criar seus filhos. Pessoa muito batalhadora, se doou em prol dos amigos e da família que conquistou.

Amália é mãe de Josué. Foi apaixonada por Num, com quem se casou. Um relacionamento que acabou durando pouco tempo devido ao destino, que foi cruel com a jovem mulher. Com a morte do marido, ela se desesperou, pois estava esperando um bebê justamente quando já não havia mais chances de engravidar. Algo que recebeu como um milagre.

Apesar da graça, Amália não queria ficar sozinha, pois estava certa de que ela e a criança que esperava sofreriam demais. Por fim, a mulher acabou morrendo no parto, logo após dar à luz. Uma tragédia que deixou o pequeno Josué órfão. A criança só não ficou sozinha no deserto porque Joquebede a pegou para criar, ao lado de Eliseba (Gabriela Durlo) e Arão. Então, o menino recebeu carinho, amor e atenção.

FOTO: MICHEL ANGELO/RECORD

FOTO: MICHEL ANGELO/RECORD

Num

Num é um marido amoroso, e seu carinho com a mulher, Amália, brotou no primeiro momento em que a conheceu. Por conta da gravidez dela – algo inimaginável para o casal –, a euforia o domina e o faz decidir ser um pai responsável. Afinal, a notícia da gestação o deixou ainda mais feliz.

Escravo, acredita que, um dia, Deus vai tirá-lo dessa vida de muitas angústias. Por isso, não se desespera e continua levando a vida de forma amena. Um nato contador de histórias, passa horas alegrando os filhos de Arão, pois não quer vê-los sofrer.

Num não esconde o amor pela esposa e demonstra ansiedade pelo nascimento do filho. Todos ao seu redor notam isso. Portanto, não mede esforços na hora de cumprir suas obrigações. O problema é que Num comete um deslize no trabalho, o suficiente para que sua vida tenha um fim trágico. Condenado a ser punido, ele é açoitado pelos egípcios e morre antes mesmo de ver o filho nascer.

Para Amália, nada resta a não ser o desespero de ficar sem saber o que fazer diante da enorme desgraça de perder o amor de sua vida e o pai de seu filho.

FOTO: MUNIR CHATACK/RECORD

Eliseba

FOTO: MICHEL ANGELO/RECORD

Ela trabalha nos campos de trigo do faraó, e mesmo quando engravida, não deixa o serviço de lado. É realmente uma mulher de fibra. Todos a veem como uma pessoa corajosa e destemida, que encara o dia a dia sem reclamações, pois está preparada para tudo dentro da lavoura. Parece não se cansar jamais. Só dá uma pausa quando a barriga pesa demais. Então, faz um carinho todo especial nela. Novamente com o fôlego necessário, lá vai Eliseba (Gabriela Durlo) fazer seu trabalho.

Esposa de Arão, com ele tem quatro filhos saudáveis, tornando-se uma mãe dedicada e amorosa. Para ela, a família é tudo na vida. Apesar das dificuldades, é uma mulher feliz.

Eliseba não deixa de atender aos anseios do marido, que vive se revoltando com tudo. Aliás, usa sua delicadez para acalmá-lo nos momentos de ímpeto.

Demonstra um enorme carinho pelo amado, e isso surte efeito. Afinal, os dois se amam verdadeiramente e têm, nos filhos, a razão para continuarem lutando na vida cheia de armadilhas e injustiças. Os dois, sem sombra de dúvida, formam um casal exemplar.

FOTO: MICHEL ANGELO/RECORD

Nabade

Jovem, Nabade (Marco Antonio Gimenez) executa seu trabalho ao lado do pai, mas não gosta nem um pouco do que faz. Escravo do faraó, ele se mostra sem compromisso algum. Gosta de abusar da bebida e gasta, com as prostitutas locais, as migalhas que ganha. Vive perambulando pelas redondezas, sem rumo, bêbado e cheio de graça com as mulheres da vida. Não está nem aí para o que as pessoas veem ou pensam.

Quando as pragas começam a assolar o Egito, ele até passa a agir de forma mais civilizada. Mostra-se com um pouco de juízo diante das pessoas mais próximas, mas essa fase não dura muito tempo.

Sua vida muda totalmente quando é consagrado sacerdote, subindo ao Monte Sinai ao lado do pai e de mais setenta anciãos, e se deparando com a glória de Deus. Vê os irmãos, Abiú (Kaik Brum/Daniel Siwek) e Eleazar (Rafael Sun/Bernardo Velasco) serem consagrados sacerdotes também. É o poder da fé interferindo em sua existência e transformando-o.

FOTO: MUNIR CHATACK/RECORD

FOTO: MICHEL ANGELO/RECORD

Abiú

Ele também é ordenado sacerdote de Deus. Assim como o irmão, Nabade, Abiú tem a oportunidade de ver a glória do Senhor diante de seus olhos. Então, entra em profunda paz e sente que ali está seu verdadeiro caminho.

Por ser influenciado por Nabade, geralmente segue a mesma estrada do irmão. Acompanha seus passos e tem admiração por ele. Não é um rapaz do mal, mas vive no limite entre a bondade e as traições. Não tem firmeza nas próprias decisões e parece não ter crescido, continuando com pensamentos infantis e ultrapassando algumas linhas que não poderiam sequer serem transgredidas.

Uma de suas ações impensadas acaba resultando em algo muito ruim. Ao pecar contra Deus, é morto. Viveu o sonho de seguir sua vontade e correu esse risco. Afinal, aqui se faz, aqui se paga.

Nabade, o irmão, fica inconformado com sua morte, mas reconhece, logo em seguida, que não havia outra salvação para Abiú senão essa.

FOTO: MICHEL ANGELO/RECORD

FOTO: MUNIR CHATACK/RECORD

Eleazar

Eleazar é um homem muito gentil e apaziguador em todos os sentidos. Está sempre de prontidão para ajudar as pessoas ao seu redor, e não mede consequências para se colocar no lugar de quem está sofrendo. Seu coração é de uma pessoa totalmente do bem.

É muito diferente dos irmãos, Nabade, que vai assediar sua mulher, Inês (Brendha Haddad), e Abiú, que cairá em tentação mundana e morrerá de forma trágica. Observador, não vê com bons olhos as atitudes dos dois, mas respeita a hierarquia familiar, já que ambos são mais velhos. Por isso, sabe que não pode ultrapassar os limites. Apesar das limitações, tenta influenciá-los para seguirem o caminho da virtude e da bondade, mas não consegue de jeito algum e vê os dois irem por rumos tortuosos.

Sua dor aumenta pois, além de Abiú, Nabade também morre. Depois do luto, é escolhido para suceder o pai como sumo sacerdote das tribos de Israel, tanto pelo seu caráter, quando pela sua fé inabalável.

FOTO: MUNIR CHATACK/RECORD

FOTO: MICHEL ANGELO/RECORD

Uri

Artesão do palácio, Uri (Rafael Sardão) aprendeu o ofício com o pai, Hur. Assim como ele, assumiu uma identidade egípcia e não abre mão de viver dessa forma. Gosta de estar rodeado pelos nobres e adora desfrutar da mordomia.

Assim como Hur, Uri faz visitas frequentes à vila dos hebreus, onde tem familiares e amigos. Entretanto, vivencia uma ambiguidade na fé, pois acredita em Deus e nos deuses egípcios. Devido a isso, o artesão vive em conflito com a esposa, Leila (Juliana Didone), já que ela é uma israelita fervorosa, não abre mão de suas raízes e faz questão de repassar isso ao filho, Bezalel (Luiz Felipe Mello/Igor Cosso). A maior briga é porque ela não quer que Uri influencie o menino.

FOTO: MICHEL ANGELO/RECORD

FOTO: MUNIR CHATACK/RECORD

Leila

Leila é casada com Uri. O amor parecia absolutamente perfeito, até que ele resolveu se enxergar como um egípcio. Israelita fervorosa, ela não aceita que o marido sirva ao Deus de Israel e aos deuses do Egito ao mesmo tempo.

Em casa, ela faz sua vontade prevalecer. Assim, Uri tem que deixar os deuses egípcios de lado, pelo menos dentro de seu próprio lar. Inconformada com a situação do marido, ela influencia o filho, Bezalel, a não seguir o mesmo caminho do pai e do avô paterno. Para isso, ela alega que ambos se afastaram de Deus e de seu próprio povo.

FOTO: MUNIR CHATACK/RECORD

FOTO: MICHEL ANGELO/RECORD

Hur

Trabalhando exclusivamente para o faraó, Hur (Floriano Peixoto) é um exímio artesão israelita que assimilou fantasticamente a cultura egípcia, a ponto de adorar seus deuses.

Tem amigos e familiares na vila dos hebreus, e apesar de viver no conforto do palácio, faz visitas frequentes a eles.

Hur tem um segredo: nutre uma paixão secreta pela princesa Henutmire. Contudo, diante das situações inversas, acaba se envolvendo com Miriã.

Inês

Esposa de Eleazar, Inês é uma mulher doce e gentil, que se dedica a cuidar do filho, Finéas. Vê sua vida ser abalada quando sofre assédio do cunhado, Nabade. Mesmo diante de tamanha injustiça, se portará com dignidade, sempre protegendo sua família do pior. Inês será leal ao marido até o fim e não abrirá mão de seu filho jamais.

Aoliabe

Ele é israelita, um escultor muito talentoso e não se deixa abater pela monotonia. Aoliabe (Binho Beltrão) é engraçado e extrovertido, mas também influenciável, o que pode colocá-lo em algumas enrascadas.

Ele vai ser ajudante de Bezalel, também artista, e filho de Uri e Leila. Os dois trabalharão na construção do Tabernáculo. São amigos sinceros e inseparáveis.

Bezalel

Bezalel cresceu vendo os pais, Uri e Leila, brigarem por causa de religião. Portanto, vive angustiado, dividido entre aceitar as palavras de um ou de outro. Tem bom caráter e é sincero, mas muito tímido.

Assim como o pai, aprendeu o ofício de artesão. Porém, diferentemente de Uri, prefere vender sua arte aos israelitas. Ponto para Leila. E é por influência dela que Bezalel também se torna um rapaz de muita fé.

Em sua comunhão com Deus, o jovem vai receber do Senhor a ordem para construir o Tabernáculo, e pedirá ajuda ao amigo Aoliabe.

FOTO: MUNIR CHATACK/RECORD

FOTO: MICHEL ANGELO/RECORD

Judite

Judite é uma mulher sofrida, esposa de Apuki. As humilhações impostas pelo marido são aceitas por ela sem qualquer reclamação.

Apesar do enorme sofrimento, Judite consegue ser uma mãe dedicada. Apoia os filhos, Ana e Jairo, em tudo, e tenta defendê-los das maldades alheias. O problema é que, como se casou com um egípcio e é muito submissa ao marido, tem se afastado de Deus e virou alvo do preconceito dos hebreus, que não suportam seu jeito acovardado.

FOTO: MICHEL ANGELO/RECORD

FOTO: MICHEL ANGELO/RECORD

Ana

Diferentemente da mãe, Judite, Ana adora os deuses egípcios e rejeita sua origem israelita, fazendo com que todos saibam disso. Apesar desse distanciamento, ama o irmão, Jairo.

Se ela tem um sonho, é o de se casar com um nobre. Sabe que Josué a ama, e por isso o desdenha. Porém, as decepções impostas pela vida a farão enxergar o sentimento puro do jovem. Ana se transforma em uma mulher de muita fé e abraça esse amor com todas as suas forças.

FOTO: MUNIR CHATACK/RECORD

FOTO: MICHEL ANGELO/RECORD

Jairo

Jairo segue os passos do pai, Apuki, e vai trabalhar como feitor de obra. Sem saber que Safira (Jeniffer Setti) faz sexo com seu pai, ele se apaixona pela prostituta.

Com o pai, por enquanto, há um único embate: Jairo não gosta de agir de forma truculenta com os escravos. Sem usar a violência, consegue executar bem seu trabalho, mas Apuki o considera um fraco. Ele é o único que defende sua mãe, Judite, de todas as turbulências que a cercam. É um homem justo em todos os sentidos.

FOTO: MICHEL ANGELO/RECORD

FOTO: MICHEL ANGELO/RECORD

Safira

Como é rejeitada pelo marido, Datã (Bruno Padilha), Safira pede ajuda ao irmão, Corá (Victor Hugo), que a despreza. Sem rumo, ela é obrigada a se prostituir para não morrer de fome. Então, torna-se uma das meninas de Ahmós (Carlos Bonow).

Tempos depois, uma ironia do destino marca a vida da moça. Ela se apaixona por Jairo. Mas, como necessita imensamente de dinheiro para sobreviver, acaba mantendo um caso com Apuki, pai dele.

Corá

Chefe dos trabalhadores, Corá é corrupto e aterrorizante. Não é confiável e presta contas para os feitores egípcios sempre com o objetivo de levar a melhor. Sua maldade é tamanha, que ele nega abrigo à irmã, Safira, quando ela é abandonada pelo marido.

Ao conhecer a trajetória de Moisés, desconfia de sua índole e não acredita que ele seja um escolhido de Deus. Então, tenta jogar o povo contra o rapaz.

Sua investida ganha proporções gigantescas, até o momento em que ele provoca uma rebelião no deserto. No entanto, acabará sendo punido por isso.

Bina

Uma mulher com a língua afiada. Esposa de Corá, Bina (Kátia Moraes) adora provocar intrigas e tem dois filhos.

O marido não sabe, mas Bina se casou dando o "golpe da barriga". Extremamente ciumenta, monitora cada passo de Corá e chega a ser exagerada em suas investidas. É daquelas que, ao ver uma mulher se aproximando dele, a hostiliza sem dó. Na verdade, quer tomar conta de todos e de tudo.

Abirão

Independente do lugar em que esteja, Abirão (Sandro Rocha) carrega a falsidade como companheira. O irmão de Datã é mau-caráter e extremamente pessimista. Nada lhe satisfaz, o que o faz reclamar de tudo. Está sempre com a cara fechada, olhando torto para as pessoas e dizendo que nada vai dar certo.

A única coisa que o faz sorrir, de vez em quando, são as prostitutas e a bebida. Ele gosta de ir à Casa de Senet para tomar todos os destilados disponíveis e se divertir com as moças. Então, dá gargalhadas e curte o próprio estado de embriaguez. Entretanto, a falsidade continua sendo sua marca registrada.

Datã

Pode-se dizer que Datã é um homem covarde. Afinal, o irmão de Abirão vive sendo influenciado por Corá, mesmo acreditando fielmente em Moisés e demonstrando isso a ele.

Muito vulnerável, vai se unir a Corá em uma rebelião contra o hebreu. Só não terá a certeza de que esse é realmente seu desejo.

Datã resolve, ainda, dar uma de galanteador para conquistar a jovem Noa (Pérola Faria), pouco depois de repudiar a esposa, Safira.

FOTO: MUNIR CHATACK/RECORD

FOTO: MUNIR CHATACK/RECORD

Aníbal

Aníbal herdou do pai, Baruk, o jeito truculento e a falta de escrúpulos. Porém, chega a ser ainda mais violento do que ele e é capaz de cometer crueldades terríveis.

É irmão de Menahem e adora desprezar suas qualidades. Aníbal o chama de "tolo", "fraco" e "imprestável". Para o rapaz truculento, tudo se resolve na força. Adora a violência.

FOTO: MUNIR CHATACK/RECORD

FOTO: MUNIR CHATACK/RECORD

Menahem

Diferentemente do irmão, Aníbal, Menahem é um rapaz do bem, mas muito covarde.

Apesar de não aprovar as ações truculentas do pai, Baruk, e de Aníbal, não sabe se impor. Geralmente, volta atrás no que diz e fica o dia inteiro sofrendo por não enfrentá-los como deveria.

Apaixona-se por Adira, filha de Jetro. Entretanto, nem essa paixão fará com que ele crie coragem e dê um basta em sua família.

Noa

Noa é filha de Abigail (Bianka Fernandes) e Zelofeade (Felipe Cardoso). Israelita, tem em Datã a maior pedra em seu caminho. Afinal, ele a corteja de todas as formas, nutrindo obsessão pela moça. Uma situação que piora quando ela se vê apaixonada por Bezalel.

De tanto assédio por parte de Datã, Noa não vê outra alternativa a não ser escapar dele a qualquer custo. Então, vive pensando em mil maneiras de fugir do sujeito. Mas a vulnerabilidade do rapaz é a sua melhor arma.

FOTO: MICHEL ANGELO/RECORD

FOTO: MICHEL ANGELO/RECORD

Karen

Amiga de Safira, Karen (Anita Amizo) trabalha como prostituta na Casa de Senet. Diferentemente das colegas de profissão, é uma moça sentimental, que se apaixona por Meketre (Luciano Szafir), seu cliente. Com ele, acaba tendo um filho. Como não pode estar ao lado da criança todos os dias, paga a Abigail para cuidar do bebê, a quem sempre visita quando tem uma folga.

Vai sofrer com a praga que assolará o Egito. Antes de morrer, vai pedir a Abigail que leve o menino para conhecer Meketre, que fica espantado por ter tido um filho e por saber que Karen faleceu.

FOTO: MICHEL ANGELO/RECORD

Calebe

Calebe (Rodrigo Vidigal) é um homem enérgico e usa sua força como escudo quando se mete em algum problema.

É um ser que necessita de uma palavra amiga, de um guia, de ser monitorado. Faz o tipo que mergulha de cabeça quando está apaixonado, e se deixa levar com facilidade pelas vaidades do amor. Quando vivencia esse sentimento, costuma ser alegre e brincalhão. É o melhor amigo de Josué e vai segui-lo na ideia de entrar na "Terra Prometida".

Ahmós

Quando Bennu (Iran Malfitano) morre, é Ahmós (Carlos Bonow) quem assume a Casa de Senet. Um fato que vai mudar muito a rotina do local. Afinal, o sujeito passa a usar o lugar para suas articulações, segundo suas necessidades e interesses econômicos.

Sua maior arma é que ele tem acesso aos nomes dos homens que frequentam a casa de prostituição, sabe seus segredos, conhece os familiares de muitos e, inclusive, detém as confidências que tais clientes contaram às moças que trabalham no local.

Como tem em mãos esse lado oculto de seus clientes, tem noção exata do poder que possui. Extremamente amoral, Ahmós passa a ser manipulador, e tentará, a todo custo, se dar bem em cima do medo desses homens. Não vai medir esforços e nem se importar com as consequências.

Quanto aos seus novos empregados, os trata sem compaixão alguma, como se fossem meras mercadorias. Isso lhe traz sérios prejuízos, já que nem todos se voltarão para ele com bons olhos. Ahmós irá pagar por todas as humilhações que fez muitas pessoas passarem.

FOTO: MICHEL ANGELO/RECORD

Meketre

Rico comerciante de madeiras, Meketre é um homem influente. Sua autoridade como empresário é tão grande pelas redondezas, que lhe dá, inclusive, livre acesso ao palácio do faraó.

Ele é, ainda, um homem de família. Pelo menos, é isso que tenta passar aos outros. Afinal, embora ame sua esposa, o rico comerciante adora frequentar a Casa de Senet.

Mesmo fazendo de tudo por sua família, Meketre acaba tendo um caso com Karen, uma das prostitutas. A paixão é tamanha, que o comerciante não consegue deixar de visitá-la com certa frequência. Ela o fascina, e ele reconhece que tem seu coração totalmente aprisionado por essa "mulher da vida". E agora, qual será sua decisão?

O sujeito leva um susto ao descobrir que Karen teve um filho, fruto de seu relacionamento com ela. Em seguida, seu mundo desmorona quando descobre que a prostituta faleceu, vítima de uma das pragas que assolam o Egito.

Diante dessa novidade surpreendente, Meketre não dá as costas ao filho e o reconhece, assumindo a criança para todos.

FOTO: MICHEL ANGELO/RECORD

Tais

Nada parece tirar Tais (Babi Xavier) do sério. De bom coração e divertida ao extremo, às vezes ela atravessa a linha tênue entre a alegria e a tolice, caindo na futilidade.

Ela é uma mulher que preza pelas amizades. Tem afinidade com os nobres do palácio e gosta disso. Sua gentileza também se estende às servas. Inclusive, tenta ajudar uma delas, Ana, a se casar com um homem muito rico, pois reconhece que a moça tem aptidão para comandar uma família e ser bem-sucedida.

A vida de Tais muda a partir do momento em que descobre que o marido, Meketre, a traiu e teve um filho com outra mulher. No entanto, o estado depressivo que a atinge não dura muitos dias. Decidida, arregaça as mangas e vai à luta. Não perdoa o esposo, mas respeita a situação em que sua família se envolveu. Disposta a dar um basta no problema e, principalmente, nos comentários, Tais assume a criança como se fosse dela e começa a criá-la com muito amor e carinho. O marido, que até então estava vivendo angustiado, passa a admirá-la como nunca fez antes.

FOTO: MICHEL ANGELO/RECORD

FOTO: MICHEL ANGELO/RECORD

Gahijii

Gahijii (Fernando Sampaio) é um homem bom, atencioso e gentil. Um nobre cozinheiro, que trabalha no palácio. Adora testar novos ingredientes e inventar pratos diferentes. Considera-se um "artista da culinária". A infância complicada resultou em uma sabedoria incomum para sua idade, e o bom humor só é quebrado quando alguém atrapalha seus afazeres. Adora ser um conselheiro sentimental, mas o amor ainda não apareceu em sua vida.

Divorciado, ele sofre um baque quando sua ex-mulher morre. Disposto a enfrentar os desafios do destino, Gahijii passa a cuidar sozinho do filho, Chibale (Julio Oliveira), que vivia longe. Então, o acomoda no palácio e passa a sonhar com um futuro brilhante para a criança. Se for como cozinheiro, melhor ainda...

FOTO: MICHEL ANGELO/RECORD

FOTO: MUNIR CHATACK/RECORD

Eldade

Bondoso, humilde e de uma simplicidade ímpar, Eldade (Paulo Reis) é um senhor com grande sabedoria e muito temente a Deus. Trabalha nas plantações de trigo e está sempre com boa disposição para tudo. Não é de reclamar da vida que leva e se dispõe a ajudar os amigos no que for preciso. Ele se tornará um dos setenta anciãos escolhidos a dedo por Moisés para apoiá-lo na condução de seu povo. Então, fará tudo com muito orgulho e garra, somando a coragem ao seu estilo de viver.

FOTO: MUNIR CHATACK/RECORD

FOTO: MICHEL ANGELO/RECORD

Zelofeade

Zelofeade é um homem tímido, mas isso não o impede de ser extremamente solidário. Ótimo companheiro de trabalho, ajuda os amigos no que for preciso. É um homem do bem, afável, que busca a liberdade e a igualdade.

É justamente sua timidez que vai chamar a atenção em uma empreitada que envolve o coração. Zelofeade quer encontrar a esposa ideal, mas há esse enorme obstáculo interno, que o atrapalha nas investidas. Então, após fazer algumas tentativas de arrumar uma mulher, seu caminho se cruza com o de Abigail.

FOTO: MUNIR CHATACK/RECORD

Abigail

Ela é escrava, trabalha duro e vive com a irmã, Leila. Sente-se sozinha, pois deseja encontrar um marido. Então, Zelofeade surge em seu caminho e não demora muito para que ela também se apaixone pelo homem que se aproximou com um jeito tímido, mas encantador.

Os dois se casam em pouco tempo, mas o primeiro herdeiro demora a vir. Depois de anos vivendo um amor intenso, eles são agraciados com a pequena Noa. Mais tarde, durante o Êxodo, no deserto, o casal é abençoado novamente com mais quatro filhas.

FOTO: MUNIR CHATACK/RECORD

FOTO: MICHEL ANGELO/RECORD

Simut

Ele é assistente de Paser e tem o sonho de, um dia, tornar-se um sacerdote também, embora lhe faltem dotes para isso. É dono de um bom coração. Simut (Renato Liveira) tem um carinho sincero por seu mestre, pois o vê como um pai. Faz de tudo para acertar, mas vive cometendo gafes. Porém, suas boas intenções não fracassam jamais.

FOTO: MUNIR CHATACK/RECORD

FOTO: MUNIR CHATACK/RECORD

Sifrá

Uma mulher temente a Deus, Sifrá (Stella Freitas) é bem humorada, bondosa e incansável. Faz de tudo para salvar as crianças hebreias e não mede consequências para isso. Parteira conhecida pela experiência em seu belo trabalho, é ela quem faz o parto de Moisés, proporcionando muita alegria à Joquebede.

Puá

Ela ajuda Sifrá nos partos e é uma mulher bondosa e incansável. Puá (Valéria Alencar) deseja seguir os passos da mentora e salvar as crianças hebreias do pior.

FOTO: MUNIR CHATACK/RECORD

Bennu

Ele comanda a Casa de Senet. Chantagista, Bennu vai cercar Yunet quando ela for morar no palácio do faraó. Sempre que aparece uma oportunidade, dizer à moça que contará sobre seu passado como prostituta. Um ameaçador nato e sem escrúpulos e bondade.

FOTO: MICHEL ANGELO/RECORD

FOTO: MICHEL ANGELO/RECORD

Baruk

Proprietário de um rebanho de ovelhas, Baruk (Bemvindo sequeira)também é comerciante. Pai de Aníbal (Thierry Figueira) e Menahem (Jorge Pontual), o viúvo rude e ignorante quer ter sempre mais, não importa como irá conseguir.

Não deixará Jetro em paz, pois quer a posse do poço que pertence ao sacerdote. O problema é que Baruk não aceita ficar em segundo plano, e ao ver que o rival tem mais influência do que ele na comunidade, tenta reverter a situação.

FOTO: MICHEL ANGELO/RECORD

FOTO: MUNIR CHATACK/RECORD

Jetro

Amoroso, sensato e um sábio sacerdote. É Jetro quem ajuda Moisés, acolhendo-o quando ele foge do Egito. Dá o consentimento para que a apaixonada Zípora, sua filha, se case com o hebreu.

Apesar da crença politeísta de seu povo, reconhece Deus como único. Além de Zípora, ele tem mais seis filhas. Será mentor de Moisés, tratando-o com respeito, carinho e atenção.

Nayla

Muito bela, Nayla (Maria Ceiça) transita com elegância pelo harém, já que é a esposa núbia de Seti I. Reconhece a maldade em Yunet e, corajosa, troca farpas com ela. A confiança que a rainha tem nela explica seu jeito destemido. Além disso, carrega o status de ser esposa do faraó. Como o governante lhe garante vida confortável e farta, se vira contra Yunet sem dó nem piedade.

Ikeni

Ikeni (Vitor Pecoraro) sempre foi apaixonado por Karoma (Roberta Santiago), dama e amiga de Nefertari. É belo e tímido, tanto que demora a se declarar para a amada. Então, cria coragem e conta o que sente. Ela, que também já sentia algo por ele, também se declara, o que abre caminho para se casarem e terem um filho.

Desconfiado, Ikeni não gosta das ações dos israelitas. Por isso, passa a persegui-los quando fogem do Egito. Quando o Mar Vermelho se fecha para a guarda do faraó, ele morre afogado.

FOTO: MICHEL ANGELO/RECORD

FOTO: MICHEL ANGELO/RECORD

Karoma

Nefertari tem uma dama fiel. Trata-se de Karoma, moça alegre, de bem com a vida e sua confidente. As duas tornam-se grandes amigas com o passar do tempo.

Karoma é apaixonada por Ikeni, mas, devido à timidez do rapaz, vive impaciente. Como ele é a única pessoa que consegue tirar um sorriso de seus lábios, não consegue ficar um minuto sequer sem demonstrar seu inconformismo. Isso até o dia em que o soldado se declara para ela. Então, os dois passam a viver um lindo romance e se casam pouco tempo depois. Com Ikeni, Karoma terá um filho.

FOTO: MICHEL ANGELO/RECORD

FOTO: MUNIR CHATACK/RECORD

Bakenmut

Bakenmut (Kiko Pissolato) é um oficial que só pensa em se dar bem. Se uma oportunidade aparece à sua frente, ele não mede as consequências para alcançar seus objetivos. Se for preciso matar, assim o fará. Não hesita em executar ordens, por mais cruéis que sejam.

Forte, ele se aproveita de sua coragem para se gabar com as mulheres da Casa de Senet. Ama beber e diz ser apaixonado por todas elas.

Cenas inesquecíveis

Separamos um resumo imperdível, com os fatos e as imagens mais marcantes para você relembrar!

Oficiais egípcios tomam os bebês do sexo masculino das mães hebreias e os matam. Joquebede consegue escapar com seus filhos, Miriã e Arão, dos soldados. O marido, Anrão, constrói um barco para que a mulher fuja e tenha o bebê longe dos oficiais egípcios. Eles entram na embarcação com as amigas, Sifrá e Puá, e seguem em direção ao outro lado do Rio Nilo. Pouco depois, Joquebede dá à luz um menino. Ela não esconde sua aflição e Anrão pede a Deus que proteja seu filho.

Joquebede se emociona, diz à filha que não poderá ficar com o bebê e garante: Deus cuidará dele. Miriã vê o cesto indo em direção ao palácio e fica aflita.

Anrão impede os oficiais de pegarem o bebê. Joquebede foge com o filho na cesta e leva consigo Miriã e Arão. A mulher se aproxima do Rio Nilo e Miriã chora, perguntando à mãe se ela irá abandoná-lo.

Henutmire encontra o cesto ao banhar-se no rio e fic surpresa ao ver um bebê dentro dele. Yunet reconhec a manta e afirma que ele é um bebê hebreu. Henutmir se recusa a entregá-lo a seu pai e diz que irá protegê-lc dando-lhe o nome de Moisés

O faraó Seti I e a rainha Tuya mimam o príncipe Ramsés.

Yunet prepara uma poção para Henutmire. A princesa sente dores e perde o bebê

Joquebede fica desesperada com o pedido de Henutmire e confessa que é a mãe verdadeira de Moisés. Henutmire diz que dará conforto e boa vida ao menino e manda que os guardas levem Joquebede, deixando-a inconsolável

Henutmire e Disebek felizes com a gravidez

Miriã e Joquebede rezam por Henutmire, agradecidas pelo que ela fez a Moisés. Os anos passam e a egípcia sofre por não ter engravidado mais. Ela decide matar-se no rio, mas se lembra do dia em que encontrou a cesta com Moisés, chama Joquebede ao palácio, diz que o menino será seu filho.

Moisés conta a Ramsés que é hebreu, mas o príncipe diz não se importar e o abraça. O garoto foge do palácio e caminha pelas ruas à procura de Arão. Ele esbarra em Miriã, que o reconhece imediatamente e fica atônita.

Nefertari diz a Moisés que sempre o amou. Contudo, ele não admite que também a ama e diz preferir que sejam amigos, decepcionando-a.

Ramsés culpa Moisés pelo os seus ferimentos. Seti manda prendê-lo.

Paser diz a Tuya e Seti que as feridas de Ramsés estão piorando, deixando-os inconsoláveis.

Bakenmut quer obrigar Joquebede a acompanhá-lo até o palácio. Miriã tenta impedi-lo, mas é empurrada e bate com a cabeça, desmaiando. A mãe da jovem se desespera ao ver o estado dela e é levada à força pelo oficial. Eliseba fica em choque e ampara Miriã, que permanece desacordada.

Joquebede é capturada e condenada à execução

Moisés não consegue esconder seus sentimentos e diz a Nefertari que a ama intensamente.

Judite se nega a ir para a cama com Apuki, que, enfurecido, a esbofeteia e lhe força a se deitar com ele.

Nefertari tenta beijar Moisés e ele a evita.

Yunet provoca Leila e a chama de "hebreia imunda". A moça não suporta as provocações e retruca, mas acaba levando um tapa na cara de sua algoz.

Arão discute com Joquebede e diz que teve de viver sem o pai porque ele se sacrificou para salvar Moisés.

Simut pede ajuda aos deuses para que não seja executado pelo faraó Seti I.

Ao encontrar Moisés, Joquebede se emociona e diz foi sua “mãe de leite”.

Henutmire fica feliz ao saber de Moisés que ele não irá mais para os combates.

Moisés conta a Gahiji que irá anunciar a todos o seu namoro com Nefertari, deixando-o muito contente.

Seti fica furioso ao encontrar a estátua do deus Amon destruída por Simut. Ele ordena que Paser descubra o culpado e diz que irá puni-lo severamente.

Anrão se desculpa com o filho por ter ficado tanto tempo afastado e eles se acertam, sem esconderem a emoção.

Apuki ordena a prisão de Arão pela morte de Isabel. Moisés questiona Apuki sobre a prisão de Anrão e Arão.

Ramsés apresenta Maya para Moisés e Nefertari. Maya e Nefertari analisam discretamente uma a outra. Henutmire fica feliz ao ver os casais reunidos, ao mesmo tempo em que Yunet disfarça o ódio.

Seti I e Tuya decidem dar uma festa para Maya, noiva de Ramsés.

Amália sofre com a morte de Num. Arão vê a tristeza dela e questiona Deus por tanto sofrimento.

Cortejo para o seputamento de Num

Yunet tenta envenenar Nerfetari, inventa que há um inseto no copo e derruba a taça no chão, sem saber qual taça está com veneno. Maya bebe o chá envenenado, enquanto Yunet a observa, aguardando o efeito. Ao ver que Maya está se sentido bem

Yunet exagera ao dizer para a filha jamais odiar Disebeck, quase expondo os reais sentimentos. Ela disfarça ao ver que causou estranhamento em Nefertari e Karoma. Para agradar a filha, Yunet revela que aceitará o romance dela com Moisés.

Moisés pede Nefertari em casamento

Sob ordem de Yunet, Anippe vai ao encontro de Disebek. O general finge seduzir Anippe e substitui os potes de maquiagem sem que ela perceba.

Nefertari assume que sente ciúmes de Ramsés com Maya e deixa Moisés magoado. Enciumado, ele diz que ainda é tempo dela enfrentar Seti e desmanchar o noivado. Nefertari perde a cabeça e dá um tapa no rosto de Moisés.

Maya desmaia nos braços de Ramsés. Yunet finge estar preocupada. Todos tentam acordar a moça, mas ela não responde. Nefertari pede socorro a Paser. Ramsés diz que Maya reclamou da maquiagem. Siamon se desespera ao saber que a filha está passando mal. Disebek tenta disfarçar a tensão na frente de Seti.

Pressentindo a morte, Maya se despede de Ramsés, Moisés e Nefertari

Yunet acusa Anippe de ter tentado matar a filha do Sacerdote de Waset. Maya pede para falar com Siamon. Seti ordena que prendam Anippe para interrogá-la.

FOTO: MICHEL ANGELO/RECORD

Moisés pede para Leila ajudá-lo a se disfarçar de hebreu.

FOTO: MUNIR CHATACK/RECORD

FOTO: MICHEL ANGELO/RECORD

Jetro recebe Moisés e os dois conversam sobre os hebreus.

FOTO: MUNIR CHATACK/RECORD

Moisés flagra o feitor surrando um homem e o proíbe de maltratar qualquer escravo a partir de agora. Nefertari pede ajuda a Ramsés para convencer o namorado a desistir de procurar a família. Moisés fica chocado com os maus tratos sofridos pelos hebreus.

Moisés defende um hebreu e acaba matando um egípcio.

Moisés limpa a espada com sangue

O príncipe confirma que Panahasi está morto e Arão ajuda a enterrá-lo. Arão fala para Moisés sumir antes que seja flagrado e o agradece pelo salvamento.

Henutmire implora ao pai pela a vida de Moisés

Seti decide a sentença de Moisés

Seti fica furioso ao ser informado que Moisés ainda não foi encontrado.

FOTO: MICHEL ANGELO/RECORD

Ramsés enfrenta Seti e diz que irá se casar com Nefertari.

FOTO: MICHEL ANGELO/RECORD

Disebek flagra Yunet aos beijos com Bakenmut.

FOTO: MUNIR CHATACK/RECORD

Ramsés nomeia Anrão o novo chefe dos hebreus.

FOTO: MICHEL ANGELO/RECORD

Seti passa mal ao ingerir bebida envenenada por Yunet e morre.

Paser diz que o rei morreu

Especialistas mumificam o corpo de Seti I para a realização do funeral.

Ramsés é entronizado como faraó.

Ramsés ordena que comecem as buscas por Moisés.

Nefertari se despede dos empregados de sua casa.

Nerfetari fiuca surpresa ao encontrar Ramsés.

Ramsés pede a mão de Nefertari em casamento.

Betânia observa Moisés se trocando e se apaixona.

Moisés e Zipora conversam

Moisés e Zípora anunciam que vão se casar.

Após se tornar faraó, Ramsés passa a tratar todo mundo com maldade.

Nayla não suporta ver Yunet discursando na cerimônia e grita para todos dizendo que é falsidade da mãe da noiva.Todos ficam perplexos e Tuya tenta contê-la. A tia de Jahi revela que, na verdade, Nefertari é filha de Disebek. Ramsés ordena a prisão de Yunet e pede para ficar a sós com Disebek.

A linda festa de casamento do Ramsés com Nerfetari.

Apuki e Judite discutem a relação.

Yunet mata Disebek com um punhal.

Atendente informa ao rei que Disebek foi morto.

Yunet é expulsa da casa de Senet.

FOTO: MICHEL ANGELO/RECORD

A noite de núpcias de Moisés e Zípora.

Escravizado, Anrão se sente muito mal durante o trabalho.

FOTO: MICHEL ANGELO/RECORD

Após o abandono de Nerfetari, Yunet à reecontra e a amaldiçoa.

FOTO: MUNIR CHATACK/RECORD

FOTO: MUNIR CHATACK/RECORD

Ana e Oseias trocam olhares e ficam encantados.

Durante o cortejo, Oseias se recusa a se curvar perante o rei e Ramsés fica furioso com a atitude do escravo.

Ramsés recrimina o atrevimento de Oseias. Corá, Datã e Abirão ficam surpresos com a atitude do hebreu. Oseias não obedece a ordem de Apuki, é jogado no chão e chicoteado, para satisfação de Ramsés. Henutmire pede que Nefertari intervenha, mas ela se nega dizendo que o castigo é merecido pelo desrespeito com Ramsés.

Oseias tem pés e mãos amarrados para sofrer até a morte.

Corá conta para os escravos que Oseias foi solto para alívio de Anrão. Os hebreus comemoram até Corá contar que dez hebreus terão que ser sacrificados no lugar dele, deixando todos espantados.

Moisés vai até o Monte Sinai resgatar uma ovelha perdida e se espanta ao ouvir um chamado de Deus.

Ramsés decide matar dez escravos e decepciona Henutmire

Deus castiga Moisés por ele não ter feito a circuncisão no filho mais novo. Zípora, aflita, lembra que Eliezer ainda não tinha feito a circuncisão, indo contra aos desígnios de Deus. Em um ato de desespero, ela chama o filho e explica que o procedimento precisa ser feito.

Moisés e Arão finalmente se encontram no deserto e se abraçam emocionados.

Moisés começa a escrever o Livro de Êxodo.

Arão e Moisés seguem confiantes no poder de Deus.

Nefertari chega para fazer um convite a Ramsés e o comerciante pergunta à rainha se ela está gostando de Ana. Ramsés se antecipa e enche a jovem dama de elogios. Nefertari sorri tentando disfarçar a raiva.

Nefertari pede ajuda a Paser para se livrar de Ana. Ele repreende a filha falando que ela está se comportando como Yunet. Nefertari se choca com a comparação e pede desculpas.

Meketre avisa que precisa sair para visitar um fornecedor, mas Tais o seduz para convencê-lo a ficar em casa.

O patriarca é sepultado sob uma forte emoção. Bina reage surpresa ao ver Arão. O escravo hebreu faz um discurso que emociona a todos. Ele fala sobre os motivos de sua fuga do Egito e revela que Moisés está ali. De imediato, Moisés não é reconhecido, até que uma voz grita o nome do príncipe hebreu. Moisés olha para o povo e fala que Deus o enviou para libertar os hebreus da escravidão. Espantados, os presentes se comovem com a fé de Moisés.

Em sua primeira apresentação, Safira atrai todos os olhares da Casa. Karen fica enciumada por nunca ter visto uma reação assim. Ahmós tenta convencer Safira a receber seu primeiro cliente. Diante da recusa da jovem, ele se mostra compreensivo, mas Apuki, Jairo e os demais frequentadores lamentam.

Diante dos hebreus, que prestam as últimas homenagens a Anrão, Moisés conta para todos sobre a sua verdadeira origem e revela a seu povo o chamado de Deus. Corá intervém no discurso de Moisés e diz não acreditar que ele é o libertador dos hebreus.

Para provar que é o libertador dos hebreus, Moisés transforma a água em sangue.

FOTO: MUNIR CHATACK E MICHEL ANGELO/RECORD

Os hebreus começam a dizer palavras de louvor a Deus e agradecer por ter enviado o libertador. Todos voltam para suas casas e comentam sobre os milagres que presenciaram. Corá se mostra resistente aos ideais de Moisés e diz que o faraó ficará furioso ao descobrir as intenções do hebreu.

FOTO: MUNIR CHATACK/RECORD

Arão orienta filhos antes de partirem.

FOTO: MUNIR CHATACK/RECORD

Ramsés e Nefertari ficam incrédulos com a notícia do retorno de Moisés. O faraó fica maravilhado com a notícia e pede a Ikeni trazer Moisés, mas impede a entrada de Arão no palácio. Moisés e Ramsés finalmente se reencontram na sala do trono.

Nefertari diz a Paser que está muito confusa com a volta de Moisés e chora nos braços do pai.

Desconfiada das saídas noturnas de Meketre, Tais pressiona o marido para dizer a verdade.

Henutmire entra na sala do trono, olha Moisés por um instante e eles se abraçam emocionados.

Nefertari não segura a emoção ao se reencontrar com Moisés e admite que ainda o ama.

Ramsés tenta convencer Moisés a ficar do lado dos egípcios, mas ele se mostra irredutível. O faraó insiste para ele aceitar o cargo de conselheiro do rei. Nefertari conversa com Ramsés e diz que o pedido de Moisés é um absurdo deixando o soberano feliz com o apoio da esposa.

FOTO: MUNIR CHATACK E MICHEL ANGELO/RECORD

Corá e Datã temem a reação de Ramsés ao encontra-los. Impaciente, o rei ordena que os dois vão direto ao assunto. Corá e Datã ficam desolados ao verem Ramsés irredutível, se negando a aliviar o castigo com os hebreus. Os dois saem e Nefertari elogia a postura autoritária do rei.

Irritados, Corá, Datã e Abirão reclamam que o retorno de Moisés só vem causando problemas.

Moisés é desafiado por Ramsés e transforma o cajado em serpente. Debochado, o rei avisa que Deus não pode nada contra ele e ordena que Moisés suma do palácio, deixando-o triste.

Yunet se irrita ao perceber que o líquido no copo é sangue e faz questão de que Corá a leve ao poço dos hebreus para encontrar água limpa. Eliseba pensa no sofrimento dos egípcios sem água. Yunet fica espantada ao constatar que a maldição é somente contra o Egito. Ramsés se revolta ao ser informado por Meketre que a água na vila dos hebreus permanece limpa.

Ramsés se recusa a atender ao pedido de Deus e Moisés o ameaça, dizendo que algo muito pior está por vir. Arão estende o cajado sobre o rio e percebe uma movimentação nas águas. Rãs começam a saltar da água e os irmãos ficam impressionados com o poder de Deus. Centenas de rãs começam a invadir o palácio. Nefertari acorda e se desespera ao se deparar com tantas rãs.

Moisés avisa aos familiares que desta vez Ramsés pedirá a sua presença. De repente eles são surpreendidos com a chegada de Bakenmut. O oficial avisa que o faraó deseja falar com Moisés e Arão. O Rei diz que permitirá a partida dos escravos. Em troca ele pede para Moisés livrar os egípcios da praga das rãs. Moisés pede para Deus livrar o povo egípcio da invasão das rãs. O Senhor avisa que ainda não acabou e ordena que Moisés volte ao palácio acompanhado de Arão. Os egípcios ficam aliviados ao verem que as rãs foram embora.

Apuki fica irado com a ausência dos escravos na fabricação de tijolos. Ramsés se recusa a receber Moisés e Arão novamente. Chateado, o libertador pede para o irmão fazer o que Deus mandou. Joquebede avisa aos hebreus sobre a promessa do faraó. Paser se preocupa com a quebra de palavra do rei. Moisés pede para Arão tocar o solo com o cajado. De repente surge uma nuvem de piolhos se deslocando em direção ao palácio.

FOTO: MUNIR CHATACK E MICHEL ANGELO/RECORD

Moisés revela que o objetivo de sua volta é libertar o povo da escravidão e tirá-lo do Egito. Ramsés e Nefertari ficam impressionados com a aproximação do grandiosos enxame de moscas. Moisés e Arão se emocionam ao verem as moscas tomando toda a parte egípcia da cidade.

Jairo e Apuki correm para fugir das moscas sob olhar dos escravos, que são poupados. Bakenmut avisa que já tentou de tudo para afastar as moscas e conta que nada deu certo, irritando Ramsés. Nefertari e Henutmire suplicam para que o rei permita a ida dos hebreus para o deserto. Ramsés diz para Moisés que deixa os escravos cultuarem Deus, mas que não poderão ir muito longe. Emocionado, Moisés conversa com Deus e é apoiado por Arão. Ramsés observa a nuvem de moscas deixando o palácio. Moisés e Arão avisam aos escravos sobre a promessa do faraó. Eles dizem que o rei deixou os hebreus cultuarem Deus no deserto.

O povo se enche de esperança e Moisés continua discursando. Corá aproveita a distração de todos e manda os filhos roubarem o cajado de Moisés. Bakenmut e Ikeni chegam a vila dos hebreus e avisam que o rei não permitirá que ninguém vá a lugar algum. Os escravos começam a dispersar, tristes e decepcionados.

Corá entrega o cajado de Moisés a Yunet. Bina questiona Assir e Elcana pelo desaparecimento. Karoma avisa Nefertari sobre a presença de Yunet na porta do palácio. Os oficiais autorizam a entrada da vilã. Moisés se desespera ao notar o sumiço de seu cajado. Yunet revela sua descoberta ao faraó. Ramsés fica contente ao ver o cajado de Moisés e pergunta o que a megera deseja.

A família de Moisés permanece ansiosa com a chegada da nova praga. Bakenmut e Ikeni presenciam a morte do cavalo do rei. Ramsés se desespera ao ver seu animal sem vida. Um egípcio não acredita ao notar que todo o rebanho está morto. Os animais dos hebreus não são atingidos pela praga.

Ramsés, mais uma vez, se nega a permitir a partida dos hebreus e Moisés atira cinzas para o céu. As cinzas formam uma nuvem sobre os egípcios e se dissipa no ar. Ramsés olha para si, percebendo que está com várias feridas pelo corpo, assim como os demais.

Yunet nota as marcas na pele e desconta a raiva em Leila.

Moisés sofre ao ver Joquebede sendo levada pelos oficiais egípcios, mas segue firme na sua missão. Zelofeade, Joquebede, Eleazar e mais dois hebreus são levados ao palácio para serem sacrificados. Datã e Safira se espantam ao descobrirem que hebreus estão sendo levados para serem enforcados. Moisés incentiva Arão a seguir com ele.

Os oficiais egípcios se preparam para iniciar as execuções. Do alto do monte, Moisés dá início à sétima praga. O céu fica turvo, as nuvens se movimentam e o tempo começa a fechar. No local da execução, hebreus e egípcios se espantam com a mudança do tempo. Apuki esbraveja com ódio de Moisés. Bakenmut e Ikeni abandonam o local temerosos. Ikeni decide voltar e tira a corda do pescoço dos hebreus condenados. Joquebede agradece a Deus.

Yunet se arrasta pela cidade procurando abrigo, mas é atingida por uma bola de fogo e tem uma morte trágica.

FOTO: MUNIR CHATACK E MICHEL ANGELO/RECORD

Moisés diz que não haverá acordo e o faraó se irrita dizendo que nesse caso, não irá libertar os hebreus. O libertador então anuncia que uma grande nuvem de gafanhotos tomará conta de todo o reino e comerão todas as árvores que crescem no campo. Ramsés propõe que apenas os homens sigam para prestar culto no deserto. Moisés não concorda com a ideia e Arão diz que essa não é a vontade de Deus. Furioso, o faraó expulsa os irmãos do palácio e avisa que não tem acordo. Deus pede que Moisés dê início a nova praga.

Nefertari manda Gahiji jogar toda a comida trazida pelos hebreus fora. Karoma e Ikeni se sensibilizam com a atitude de Leila, Inês e Deborah. Meketre conta para Tais que Judite e Ana trouxeram alimento. Moisés se orgulha ao saber que os hebreus levaram comida para os egípcios.

O Senhor avisa sobre a chegada da nona praga. O libertador descobre que trevas cobrirão toda a terra do Egito. Os nobres do palácio tentam acender lamparinas para evitar o breu total. Paser diz a Simut que o Deus de Moisés está provando ser mais poderoso que os deuses egípcios.

Hebreus se preparam para a décima praga (A Morte dos Primogênitos). Conforme anunciado por Moisés, todos devem sacrificar um cordeiro e marcar a fachada de cada casa com o sangue do animal, com o objetivo de proteger os primogênitos daquela família. Hebreus se preparam, mas os egípcios ignoram a ordem de Deus.O Egito é tomado por um silêncio assustador até que as mães começam a notar a morte de seus filhos primogênitos. Gritos de sofrimento e pavor tomam conta da cidade. Amenhotep é atingido pela décima praga. Faraó decide, finalmente, libertar os escravos

Moisés ora para Deus, agradecendo pela liberdade concedida ao povo e se emociona ao lembrar do pai Anrão. Arão e Eliseba se preparam para sair e ficam surpresos com a empolgação dos filhos.

Gahiji e Chibale ficam surpresos ao descobrirem que Simut partirá junto com os hebreus. Ao mesmo tempo em que os escravos seguem felizes para o deserto, Ramsés observa a multidão, sentindo-se derrotado.

FOTO: MUNIR CHATACK E MICHEL ANGELO/RECORD

Os hebreus seguem na caminhada pelo deserto rumo à Terra Prometida. Nefertari fica arrasada ao se recordar de Amenhotep. Enfurecida, a rainha diz para Ramsés que quer Moisés morto.

Ramsés tenta mudar o pensamento de Nefertari, mas é provocado por ela e acaba concordando com a ideia de matar Moisés. Um oficial avisa o rei que Jahi retornou ao Egito. Jahi se espanta ao saber por Ramsés que Radina fugiu com os hebreus.

Ramsés passa as instruções para os oficiais e pede agilidade para que a comitiva parta para o deserto o quanto antes. Nefertari se mostra determinada com o desejo de vingança. Os hebreus se apavoram com a aproximação dos soldados egípcios.

Moisés ergue o cajado em direção ao Mar Vermelho. O vento começa a soprar cada vez mais forte. O mar começa a se abrir. As águas se levantam formando um muro de cada lado. O povo assiste ao fenômeno boquiaberto. Ramsés se impressiona com o que vê. Karoma tenta amparar Nefertari. Do alto de um rochedo, Moisés grita mandando o povo marchar para a fenda aberta no meio do mar. Desesperado, Ramsés manda o soldado avançar, mas são impedidos pela coluna de nuvem e fogo. Os egípcios começam a passar entre as paredes de água com seus carros e cavalos. Moisés é o último hebreu a atravessar. Moisés ouve a instrução de Deus e estende a mão sobre o mar, fazendo as paredes de água se desfazerem. Bakenmut, Ikeni e Jahi morrem afogados. Derrotado, Ramsés chora com ódio de Moisés. Karoma consola Nefertari, que sofre com a morte de Paser.

As pragas

Moisés tentou, várias vezes, fazer com que Ramsés libertasse os escravos para que todos pudessem segui-lo rumo à Terra Prometida. Mas o faraó se recusava e, por isso, os egípcios tiveram que enfrentar as dez pragas enviadas por Deus. Relembre estes momentos emocionantes.

FOTO: MUNIR CHATACK E MICHEL ANGELO/RECORD

Primeira praga

AS ÁGUAS LÍMPIDAS DO RIO NILO SE TRANSFORMAM EM SANGUE

Escolhido por Deus para libertar os hebreus da escravidão, Moisés retornou ao Egito e tentou, por diversas vezes, conseguir a autorização de Ramsés para guiar o povo ao deserto com o propósito de que todos fizessem um culto a Deus durante três dias. Irredutível, o faraó se negou a permitir que os escravos deixassem as obras para orarem por uma divindade na qual ele não acreditava.

Em um novo encontro com Deus, Moisés recebeu a ordem de encontrar Ramsés à beira do Rio Nilo na companhia de Arão. A sós, o rei desdenhou mais uma vez do poder divino e avisou que os hebreus não iriam a lugar algum.

Então, Moisés ordenou que o irmão tocasse o cajado nas águas do Nilo e, aos poucos, elas se transformaram em sangue, deixando Ramsés incrédulo.

A praga fez com que o Egito ficasse vários dias sem água, espalhando o caos pelo reino. Enquanto isso, a fonte da vila dos hebreus continuou absolutamente límpida, sem qualquer mudança, para que todos tivessem certeza da proteção de Deus sobre o povo.

A situação resultou em graves consequências para os egípcios, já que todos tinham apenas vinho e suco como opções para se livrarem da sede, além de não poderem tomar banho. Muitos acabaram não resistindo à falta de água e morreram.

Segunda praga

O EGITO É DOMINADO POR RÃS

Após vários dias de seca, as águas do Rio Nilo voltaram ao normal e o povo egípcio comemorou a novidade, pois toda a população estava sedenta. Porém, o sossego foi apenas momentâneo, já que Ramsés se recusou a atender o pedido de Deus e Moisés o ameaçou, alertando que algo muito pior iria acontecer. Preocupado, o profeta contou para a família que o faraó insistia em proibir os hebreus de partirem e avisou que seria necessária uma nova intervenção divina.

Na companhia de Arão, Moisés se aproximou das margens do Nilo e pediu para o irmão estender o cajado sobre o rio. Aos poucos, eles perceberam uma movimentação diferente na água. De repente, rãs começaram a saltar e os dois ficaram impressionados com a nova prova do poder divino.

A partir desse momento, milhares de rãs tomaram conta do Egito, invadindo as casas e obrigando os moradores a conviverem com a presença dos anfíbios. A chegada de uma nova praga deixou Ramsés furioso e causou desespero em todo o reino.

Terceira Praga

PIOLHOS ATORMENTAM O POVO EGÍPCIO

A teimosia de Ramsés em não autorizar a partida dos hebreus para o deserto, sem reconhecer a força de Deus, acabou custando caro para o povo egípcio mais uma vez. Uma nuvem de piolhos chegou ao Egito, deixando a cidade infestada e provocando desespero em toda a população.

A terceira praga mostrou aos egípcios e, principalmente, ao faraó que os sacerdotes não eram tão poderosos como imaginavam, e que o deus Geb não era tão influente, já que o pó da terra se transformou em piolhos, ocasionando, como consequência, muitas coceiras em todos.

Indignado, Ramsés se revoltou ao ver que os magos não conseguiam dar fim à praga por meio de orações aos deuses e os expulsou.

Como todos os egípcios, o faraó também sofreu com os efeitos causados pelos piolhos, chegando a obrigar os servos a ajudá-lo.

FOTO: MUNIR CHATACK E MICHEL ANGELO/RECORD

Quarta praga

O ENXAME DE MOSCAS

Apesar de tentar proteger o Egito com a ajuda de orações para os deuses, Ramsés se esforçou em vão e todo reino foi castigado com o surgimento de uma nova praga. Dessa vez, a população foi alvo de um terrível enxame de moscas.

Dominando todo o reino, elas causaram vários incômodos e sofrimentos a todos, já que muitas picadas se transformavam em feridas. Além disso, o povo teve que evitar as conversas para que não engulissem os insetos. As divindades egípcias até foram invocadas pelos sacerdotes e magos, mas não conseguiram deter o poder supremo do Deus dos hebreus.

Para evitar as moscas, o rei chegou a obrigar um servo a ser besuntado com mel para que atraísse os insetos que rondavam o palácio, enquanto Nefertari usou um véu para não ser atacada. Na tentativa de se livrarem das moscas, muitos egípcios deixaram suas casas e buscaram abrigo nas vilas em que os escravos moravam, já que eles contavam com a proteção divina e não eram inportunados pela praga.

Quinta praga

A MORTE DOS ANIMAIS

O poderoso Ramsés teve mais um motivo para se preocupar. Depois de se negar a ouvir novamente o pedido de Moisés, o soberano egípcio se deparou com a peste dos animais.

A nova praga chegou ao seu reino e o faraó entrou em grande aflição quando dois oficiais, Bakenmut e Ikeni, lhe comunicaram sobre o falecimento de seu cavalo preferido. Já Tais e seus filhos sofreram ao verem a gata Mekal sem vida. Todos os egípcios testemunharam a morte de seus animais: bois, vacas e porcos.

Apenas o gado dos hebreus ficou protegido, mostrando, mais uma vez, que o deus deles era mais forte do que as divindades egípcias.

Sexta Praga

ÚLCERAS NOS CORPOS

A cada peste que atingia o Egito, Ramsés aceitava libertar o povo hebreu, mas voltava atrás quando percebia que o caos diminuía.

A sexta praga chegou para assolar o reino e foi mais uma prova de que o Deus único não estava satisfeito com o faraó. Então, a divindade começou a atingir diretamente os corpos dos egípcios, provando que o antigo amigo do monarca tinha razão.

Moisés seguiu a orientação que recebeu de seu Deus. Ele pegou um punhado de cinzas de um forno e a lançou ao ar diante de Ramsés. Elas se espalharam como um pó fino sobre a terra egípcia e, em todos os lugares, produziram tumores que viraram úlceras nas pessoas e nos animais. Os magos também adoeceram e não puderam adorar seus deuses. Já o povo de Moisés foi poupado da praga. Mesmo em meio ao desespero do povo, Ramsés continuou irredutível. Não atendeu o pedido de Moisés e continuou firme em seu propósito de não libertar os hebreus.

Sétima Praga

CHUVA DE PEDRAS E METEORITOS

Ao ver que o faraó permanecia irredutível, Moisés continuou seguindo as orientações de Deus. Em uma noite, ele resolveu ter uma nova conversa com Ramsés.

Moisés tentou, de todas as maneiras, convencê-lo a libertar o povo hebreu. Porém, ao ver que não conseguia amolecer o coração de Ramsés, deu seu recado. "Amanhã, a esta hora, eu vou fazer cair uma chuva de pedras e meteoritos tão forte, como nunca houve igual em toda a história do Egito. Portanto, mande recolher seu gado e tudo o que você tiver no campo. Se as pessoas e os animais que estiverem no campo não forem para seus abrigos, quando cair a chuva, todos eles morrerão", profetizou.

Alguns servos do faraó ficaram temerosos e seguiram as orientações de Moisés, levando os animais para um local seguro. Porém, nem todos acreditaram nas palavras dele. Cumprindo a promessa, o hebreu levantou o bastão na direção do céu e o Senhor mandou trovões e raios, fazendo cair uma pesada chuva de pedras e meteoritos sobre o Egito. A tempestade destruiu plantas e árvores, e apenas onde estavam os hebreus nada aconteceu.

FOTO: MUNIR CHATACK E MICHEL ANGELO/RECORD

Oitava Praga

OS GAFANHOTOS INVADEM A TERRA

As tentativas de libertação do povo hebreu não paravam. Moisés foi ao encontro do faraó e o questionou sobre até quando se recusaria a entender o que estava acontecendo. Dessa vez, o profeta prometeu um exército de gafanhotos atacando o Egito. "O chão não poderá mais ser visto, pois eles cobrirão toda a terra. Comerão tudo o que a chuva de pedras não destruiu, até as árvores que sobraram. Eles encherão as casas de todo o seu povo", garantiu.

Então, a promessa se cumpriu. Os gafanhotos se espalharam por todo o Egito, invadindo toda a região em quantidades enormes, como nunca havia acontecido em lugar algum do mundo. Eles cobrem de tal maneira o chão, que o deixam enegrecido, além de devorarem a vegetação e todas as frutas das árvores que haviam sobrado na chuva de pedras. Não restou nada verde nas árvores e nenhuma planta.

Dessa vez, o faraó se apavorou como nunca e mandou chamarem Moisés. Então, pediu para ele orar ao Senhor para acabar com a praga. O hebreu saiu do palácio e rezou. Nesse momento, um vento muito forte jogou para longe os gafanhotos, que desaparecem do Egito. Porém, ainda não foi dessa vez que Ramsés libertou o hebreus.

Nona praga

A ESCURIDÃO TOTAL

Decepcionado com o faraó, que descumpriu a palavra dada, Moisés recorreu novamente a Deus, que o orientou a lançar mais uma praga sobre o Egito. Por três dias inteiros, a escuridão imperou na região, pois o Senhor deu forma a um breu tamanho, que os egípcios não podiam sequer se locomoverem ou verem uns aos outros. Como resultado direto disso, ninguém conseguia sair de casa. No palácio, a realeza e os servos ficaram desesperados e não sabiam o que fazer. Na aldeia, eram ouvidos os lamentos dos moradores, que, mais uma vez, perderam familiares por causa da desgraça. Ao contrário dos egípcios, o povo escravizado conseguia se movimentar normalmente e não foi atingido pela praga. Depois que a escuridão se foi, Moisés tratou de ter uma nova conversa com Ramsés. Contudo, não havia absolutamente nada que conseguisse amolecer o coração do faraó, que continuava teimando em não deixar os hebreus saírem do Egito. Aliás, o poderoso governante foi mais longe e mandou o hebreu sair da sua frente se não quisesse morrer.

Décima Praga

A MORTE DOS PRIMOGÊNITOS

Nefertari tentava convencer Ramsés a tomar uma decisão drástica contra os hebreus, deixando o faraó confuso com os próprios sentimentos. Afinal, cada vez que ficava diante de Moisés, era tomado pela angústia.

Após ameaçar o hebreu de morte, Ramsés ficou ainda mais aterrorizado. Moisés, então, disse que Deus iria mandar apenas mais um castigo sobre o Egito.

Uma nova praga, a décima, assolou os egípcios. À meia-noite, todos os primogênitos começaram a agonizar e morreram. Desde o filho de Ramsés, herdeiro do trono, até o do prisioneiro na cadeia. Nem os animais foram poupados, tendo suas primeiras crias mortas. O povo ficou em pânico com a realização de outra profecia. As famílias choraram seus mortos e o faraó sentiu uma forte angústia no coração. Nessa mesma noite, Ramsés mandou chamar Moisés e Arão, e disse: "Saiam daqui! Vocês e todos os outros hebreus! Deixem meu país. Vão adorar seu Deus. Peguem seus animais e vão embora. E peçam a Deus que me abençoe".